AF349882

NOTICE BIOGRAPHIQUE

SUR

LAURENT-GERMAIN MÉRAT

MAITRE EN PHARMACIE

Membre de la Société littéraire d'Auxerre (1790)

Extrait du *Bulletin de la Société des Sciences historiques et naturelles de l'Yonne*, 1er semestre 1911.

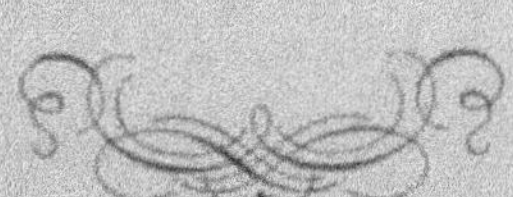

AUXERRE

TYPOGRAPHIE ET LITHOGRAPHIE A. GALLOT, RUE DE PARIS, 47

1912

NOTICE BIOGRAPHIQUE

sur

LAURENT-GERMAIN MÉRAT

MAÎTRE EN PHARMACIE, MEMBRE DE LA SOCIÉTÉ LITTÉRAIRE
D'AUXERRE (1790)

On lit, dans l'*Histoire d'Auxerre*, de Chardon : « Au milieu d'une séance (de la Société des Sciences et Belles-Lettres), le 7 janvier 1772, M. de Pontagny, subdélégué de l'Intendant, se fit introduire et remit au président une lettre de M. de la La Vrillière, portant que le roi voulait que les séances de la Société fussent suspendues; que ses membres fussent invités à attendre l'autorisation de S. M. avant de les reprendre.

« Elles avaient été autorisées par une lettre écrite de Compiègne le 11 juillet 1749. Cette dernière séance est signée de onze membres : de La Coudre, directeur; Marie, avocat du roi; Bussière, avocat; Moreau, chanoine; Lesseré, chirurgien; Housset, médecin; Liger, médecin; Mérat, pharmacien; Pasumot, professeur de physique; Patel, chanoine, et Marie de Saint-Georges, procureur du Roi. »

Ayant, dans mon enfance, beaucoup entendu parler d'un pharmacien du nom de Mérat, prédécesseur de notre ancien collègue M. Pierre Poubeau, j'ai voulu savoir quelle parenté avait existé entre le pharmacien du XVIIIe siècle et celui du XIXe.

Je me suis adressé à M. le président Henri Mérat, qui appartient à cette vieille famille auxerroise, et qui a bien voulu me confier les documents qu'il possède. Parmi ces documents se trouve précisément une notice biographique concernant Laurent-Germain Mérat, écrite en 1790, aussitôt après sa mort. Cette notice, due sans aucun doute à un de ses amis, n'est pas signée. Elle m'a paru doublement intéressante tant à cause de l'homme remarquable à tous les égards dont elle retrace la vie, que parce qu'elle rappelle le souvenir de la Société des Sciences et Belles-Lettres d'Auxerre, que l'on peut regarder comme l'aïeule de la Société des Sciences historiques et naturelles de l'Yonne.

Laurent-Germain Mérat naquit à Auxerre, l'an 1712, d'une ancienne famille bourgeoise de cette ville, laquelle avoit donné à ce diocèse des ecclésiastiques très recommandables par leurs vertus, entre autres, Jean-Claude Mérat, chanoine et théologal de l'église cathédrale, mort en odeur de sainteté, le 11 juin 1725.

Laurent-Germain étoit le deuxième fils de Laurent Mérat, conseiller assesseur en l'Hôtel de Ville d'Auxerre, et de Marie Loup Collot, d'une très honnête famille de la même ville. Il fit de bonnes études chez les Pères de la Doctrine chrétienne, à Noyers, et s'y distingua. Au sortir de ses études, un goût décidé pour l'histoire naturelle, et particulièrement pour la botanique, le porta à préférer l'étude de la pharmacie au barreau où ses ancêtres avoient toujours occupé des places. On lui donna pour premier maître celui qui étoit reconnu, à Auxerre, pour le plus habile pharmacien, le sieur Pierre Jeannet. Après des progrès rapides, on l'envoya à Paris pour se perfectionner dans cette science.

Ce jeune homme plein d'ardeur pour s'instruire, arrivé dans la capitale, fit son cours de botanique sous MM. Antoine et Bernard de Jussieu, démonstrateurs au Jardin royal des Plantes. Il commença en même tems son cours de chimie; il y joignit l'étude de l'anatomie et de la médecine; en sorte que tous ses momens étoient occupés. Il prenoit même beaucoup de tems sur son sommeil, sans rien donner aux plaisirs; il n'en trouvoit et n'en connaissoit point d'autre que dans la botanique : les herborisations étoient ses délassemens.

MM. de Jussieu ne furent pas longtems à connaître les grandes dispositions et le mérite de leur élève; ils surent le distinguer dans la foule des étudians; ils poussèrent même la distinction jusqu'à vouloir l'avoir à côté d'eux pendant les démonstrations.

Un Anglais voulut, un jour, mettre M. Bernard de Jussieu en défaut, en lui présentant une plante qu'il avoit secrètement très défigurée avec des ciseaux; M. Mérat, qui la vit pendant que le démonstrateur, en souriant, l'examinoit, trouva aussitôt son véritable nom. M. de Jussieu lui fit l'honneur de lui dire : vous êtes le seul des étudians qui pouvoit la deviner.

Ses progrès étonnans lui avoient acquis beaucoup de réputation parmi ses condisciples qui, pour se faire un mérite devant MM. de Jussieu, demandoient à M. Mérat le nom de la plante qu'ils venoient de trouver, sans la connaître, et la portoient ensuite au démonstrateur, en lui répettant ce nom. Lorsque la plante étoit rare, et que M. de Jussieu soupçonnoit que l'étudiant ne l'avoit pas connue en la cueillant, il lui disoit : c'est certainement M. Mérat qui vous l'a nommée.

Une plante assez rare, dont je ne me rappelle pas le nom, devoit être démontrée, le lendemain, au Jardin du Roi; on ne l'avoit pas encore, mais on espéroit la trouver à l'herborisation de la campagne. M. Mérat étoit de cette herborisation; il trouva seul cette plante, quoi qu'on l'eût cherchée longtems. M. Bernard de Jussieu, fort satisfait, la fit mettre avec les autres qui devoient être aussi démontrées le lendemain. Le jour de la démonstration, M. Mérat arriva avant l'heure au Jardin du Roi, suivant sa coutume, et fut voir l'arrangement et l'ordre des plantes déjà disposées. Sa plante de la veille n'étoit point en son rang; il la plaça plus méthodiquement. Le Suisse s'apperçut qu'il touchoit à quelque chose; aussitôt, sans entendre aucune raison, il pria, assez incivilement, le jeune botaniste de sortir du Jardin. M. Mérat n'en fit aucune difficulté : cette scène humiliante en apparence devoit tourner à sa gloire. En effet, quelques instans après, comme il se promenoit devant la porte, M. Antoine de Jussieu arriva et fut fort surpris de voir que, contre son ordinaire, son élève n'étoit point encore entré. Pourquoi, lui dit-il, restez-vous là, et n'êtes-vous point dans le Jardin ? — On m'en a chassé, lui répondit, d'un air souriant, M. Mérat. — On vous en a chassé ! reprit avec surprise et vivacité M. de Jussieu. — Oui, Monsieur, c'est le Suisse. La plante de l'herborisation d'hier n'étoit pas dans son ordre, je l'y ai mise; le Suisse m'a vu et m'a fait sortir, il a fait son devoir; mais, sous vos auspices, je vais rentrer.

Monsieur le Suisse ! dit en entrant M. de Jussieu, examinez bien cette personne-ci; il lui est permis, ici, de toucher à tout, de déranger, de ranger, de faire ce qu'elle voudra dans le Jardin, et vous n'avez rien à lui dire dorénavant.

M. Mérat, dont la botanique faisoit les plus chères délices, pour se satisfaire entièrement dans cette science, apprit le dessin sous M. Aubriet, peintre et dessinateur du Jardin du Roi. Il y fit tant de progrès, quoi qu'il ne s'y appliquât que dans ses momens de récréation, qu'en moins de six mois, il fut jugé capable par MM. de Jussieu et par M. Aubriet d'être adjoint comme dessinateur et botaniste aux illustres voyageurs nommés par le Roi, MM. de La Caille et de La Condamine, membres de l'Académie des Sciences (1). On le fit chercher aussitôt dans Paris pour lui donner cette place honorable; on ne le trouva point; on s'informa où il pouvoit être, mais il avoit oublié de faire part de ses démarches à ses amis, et il manqua ce poste. A son retour à Paris, il reçut de MM. de Jussieu des reproches dictés par l'amitié sur son oubli à communiquer ses desseins à ceux qui lui donnoient des marques du plus sincère attachement. Son amour violent pour la botanique l'avoit emporté vers les Alpes; il étoit alors à Genève.

M. Mérat voyagea ensuite dans une grande partie de l'Europe, avec un zèle infatigable que secondoit un tempérament très robuste et une santé vigoureuse que les plaisirs n'avoient jamais altérée. Il étoit toujours à pied et à travers champs; ainsi voyageoit le célèbre Tournefort, et tels doivent être les voyages botaniques. Il parcourut et visita la Suisse, la Savoie, l'Italie, l'Espagne, l'Allemagne, la Hollande, les côtes de l'Angleterre et un grand nombre de ports de la Méditerranée et de l'Océan. Il avoit observé depuis la plus petite plante qui croît sur les sommets des Pyrénées, jusqu'à celles que laisse à découvert la marée descendante, ou que la mer offre sur ses rochers. Il n'y avoit dans le royaume, pour ainsi dire, aucuns végétaux qu'il ne connût et dont il ne sçût les propriétés convenues. Il avait herborisé dans tous les climats de la France.

Il séjourna quelque tems à Montpellier où il se fortifia encore dans l'étude de la médecine pour rendre plus utile son amour de la botanique. A Rouen, il connut le célèbre Le Cat (2) et profita de ses lumières pour l'anatomie. Enfin, il revint à Paris, rendit compte à M. Bernard de Jussieu de cette multitude de connaissances qu'il avoit acquises dans ses voyages. Dans les conversations qu'il eut avec cet habile naturaliste, non seulement il s'affermit dans ses connaissances, mais il les étendit beaucoup encore.

MM. de Jussieu, voyant en M. Mérat un de leurs plus savans élèves, l'honorèrent d'une amitié intime et, pour ainsi dire, fraternelle. ils ne l'appeloient jamais autrement que

(1) Il s'agit de la mission composée de Bouguer, La Condamine et Godin, chargée, en 1736, par l'Académie des Sciences, d'aller au Pérou mesurer un arc du méridien près de l'équateur. C'est par erreur que le nom de La Caille est cité ici.

(2) Le Cat Claude-Nicolas, chirurgien, né en 1700 à Blérancourt (Aisne), mort à Rouen en 1768.

notre ami; ils se faisoient un plaisir de le présenter sous cette qualité et sous celle de savant botaniste à leurs confrères qui n'avoient pas plus tôt connu sa science, sa modestie, sa candeur, son affabilité, qu'ils devenoient eux-mêmes ses véritables amis : aussi en eut-il un grand nombre parmi les savans de son temps, entre autres MM. Daubenton, Le Cat, Geoffroi, le chevalier Linné, Saleine, Cuiprez des Croisilles, Thouin, etc., etc.

Le Jardin du Roi étoit, pour ainsi dire, son domicile lorsqu'il étoit à Paris; il ne le quittoit guères, aussi le Cabinet d'Histoire naturelle. Il y étudioit tout ce que l'on y apporte des quatre parties du monde; car son amour pour la botanique ne l'empêchoit pas de porter en même tems un œil observateur et philosophe sur un très grand nombre d'autres objets de la physique et de l'histoire naturelle, particulièrement sur ceux qui avoient rapport à la chimie et à la pharmacie, dans lesquelles il étoit très habile. Il a rapporté de ses voyages, où il étholisoit en herborisant, plusieurs morceaux curieux. Il en a fait présent, en grande partie, à M. Bernard de Jussieu; un de ses fils conserve l'autre partie dans son cabinet.

M. Mérat quitta la capitale, malgré ses amis qui vouloient absolument l'y retenir. L'amour de la patrie l'emporta sur les plus flatteuses espérances de la fortune. Il vint donc à Auxerre, en 1740, et se présenta pour être reçu maître en pharmacie. La Renomée l'avoit devancé, mais cette renomée malheureusement est presque toujours suivie de l'envie, lorsque l'intérêt d'un tiers en prend de l'ombrage. Les pharmaciens de cette ville firent quelques efforts pour s'opposer à l'établissement du candidat, dans la seule crainte que son mérite ne les éclipsât. Les docteurs en médecine, qui connaissoient ses talens, s'apperçurent du complot et forcèrent la cabale jalouse à rendre homage à ses lumières; il mit plusieurs fois, sans chercher à les mortifier, ses examinateurs en defaut sur la connoissance de quelques drogues simples, entre autres de la résine animée, sans qu'ils voulussent convenir, soutenans toujours leurs assertions. Des membres de l'Académie des Sciences de Paris furent consultés de part et d'autre, et M. Mérat remporta une victoire complette; ce triomphe lui fit de la peine, parce qu'il mortifioit ses confrères.

Les médecins de la ville mirent en lui une si grande confiance, particulièrement deux anciens fort habiles dans leur art, MM. Jodon et Thiennot, qu'ils le consultoient dans les plus importantes maladies; ils vouloient, lorsqu'ils étoient eux-mêmes malades, être gouvernés par lui. Il leur prouva, par son assiduité, une reconnaissance égale à leur confiance. MM. Thiennot fils et petit-fils, héritiers des lumières et des talens de leur père, ont eu aussi de lui la même opinion.

A Auxerre et dans tous les endroits où il étoit connu, on avoit en lui toute la confiance qu'on auroit eue dans le plus célèbre médecin : il l'avoit méritée par des cures admirables faites en grand nombre. Il suivoit dans la pratique le sentiment de M. Antoine de Jussieu, de ne recourir à la saignée que dans les cas pressans.

Désespéré des médecins dans une violente pleurésie qu'il eut à l'âge d'environ 38 ans, il se guérit lui-même en prenant, pendant toute la nuit, plusieurs dôses de sang de bouquetin dans du bouillon. Le lendemain, M. Thiennot, l'aïeul, qui l'avoit quitté, la veille au soir, ne pensant pas qu'il pût passer la nuit, s'informa, dès le matin, s'il étoit mort; on lui dit que non. Il vint voir le malade aussitôt et, à son grand étonnement, il le trouva absolument hors de danger.

. . . .

M. Mérat a analysé toutes les eaux minérales des environs d'Auxerre, qui sont en assez grand nombre, et, par ses analyses, il a relevé plusieurs erreurs échappées à M. Berryat, médecin du Roi et intendant des eaux minérales de France, dans ses observations physiques et médicinales sur ces mêmes eaux. M. Berryat en convint franchement et l'en remercia.

Les analyses de M. Mérat ne furent point seulement de curiosité : il les rendit utiles. Par l'usage des eaux minérales de Pourrein, village à trois lieues d'Auxerre, il guérit parfaitement, entre autres, une demoiselle de Clameci dont la santé étoit désespérée. Une fièvre lente et continuelle qui la minoit, des obstructions considérables, et une hystérie qui duroit depuis longtems cédèrent en peu de semaines à l'usage de ces eaux et au traitement de M. Mérat. Il avoit fait venir la jeune personne à Auxerre pour être plus à portée de la gouverner. Il a toujours voué le plus grand zèle à ceux qui ont eu le bonheur de mettre leur confiance en lui.

Son laboratoire étoit, en même temps, un cabinet de consultation et une école de physique. Son jardin botanique offroit aux curieux la collection de ce qu'il y avoit de plus rare en ce genre. On le consultoit aussi sur d'autres productions de la nature, minéraux, pétrifications, curiosités du règne ani-

mal, industrie des insectes, agriculture, hydrostatique, tout
cela étoit de son ressort. C'étoit un second Bernard de Jussieu.

Lorsqu'on coupa la montagne d'Arbaut, proche la petite
ville de Cravan, pour rendre plus commode la grande route de
Paris à Lyon, on lui apporta un morceau de minéral trouvé
dans cette montagne; il reconnut aussitôt et prouva par l'ana-
lyse que ce morceau étoit de l'alun natif. Il le communiqua
à la Société littéraire d'Auxerre qui, en se formant, l'avoit
choisi pour un de ses membres : elle s'est toujours beaucoup
louée de ce choix. Il a été, par ses utiles travaux, par son zèle
et ses talens, l'un de ceux qui ont fait le plus d'honneur à
cette Société. Elle le pria de se transporter à la montagne
d'Arbaut pour y faire la recherche de la mine d'alun qu'il
soupçonnoit, avec raison, devoir exister dans ce lieu; mais
il étoit trop tard. Il arriva l'échantillon à la main; les ouvriers
et celui qui étoit à leur tête s'y reconnurent très bien, et lui
assurèrent qu'il y en avoit eu plus de cinq cent tombereaux
jettés dans la rivière. La chose étoit vraie suivant les informa-
tions que l'académicien fit à Cravan où il trouva, dans plusieurs maisons, des morceaux de cet alun qu'on ne connois-
soit pas; les ouvriers en ignoroient de même le prix. M. Mérat
s'informa de l'endroit où ils en avoient trouvé davantage;
mais le peu d'attention qu'ils y avoient prêté ne leur permit
qu'une réponse assez vague. Cependant M. Mérat fit faire plusieurs creusées sans rien découvrir. Ces ouvriers trouvant leur
intérêt à ce travail, lui promettoient toujours qu'au premier
moment, la mine alloit paraître. M. Mérat, ennuyé de leurs
promesses sans effet, et soupçonnant leur mauvaise foi, leur
dit que, puisqu'ils étoient sûrs de leur fait, ils se chargeas-
sent eux-mêmes de l'entreprise, et leur promit, s'ils réussis-
soient, une somme assez considérable. Les ouvriers, trop incer-
tains de la réussite, ou craignant d'y employer trop de tems,
n'acceptèrent point la condition. Cette mine eût peut-être été
une richesse pour le pays.

Toujours occupé des sciences dont l'amour le maîtrisoit, il
a laissé des manuscrits très intéressans, plusieurs disserta-
tions sur des objets relatifs à la botanique et à la chimie, quel-
ques-unes sur la culture de la vigne, lues à la Société littéraire
d'Auxerre, et insérées, en tout ou en partie, dans l'*Histoire des
auteurs de Bourgogne*, dans le *Dictionnaire d'histoire naturelle*

de M. Valmont de Bomare (1), et autres collections. Il a fait
des traductions de plusieurs auteurs botanistes, notamment
des ouvrages de M. le chevalier Linné, enrichies de savantes
notes.

On a de lui un portefeuille de très beaux dessins de plantes,
où l'on trouve l'anatomie des fleurs simples les plus curieuses.
On y admire et son grand talent pour le dessin et sa science
dans la botanique.

M. Mérat a, de plus, laissé sous le modeste titre de *Botanicon
de l'Auxerrois*, un excellent traité de toutes les plantes qui se
trouvent dans la Bourgogne, la Champagne et plusieurs autres
provinces, et d'un grand nombre d'étrangères qu'il a natu-
ralisées dans le territoire d'Auxerre. Ce traité, orné de figures
dont il a dessiné une partie, est divisé par classes, genres, sections et espèces. A la tête de chaque genre, on trouve la des-
cription exacte de toutes les parties de la fleur qui doivent for-
mer son caractère spécifique et essentiel. Les espèces sont ran-
gées sous leur genre avec les descriptions qui établissent la
différence des unes avec les autres. On y indique aussi les
lieux où elles croissent, leur durée, le tems de la floraison, et
leurs propriétés certaines et bien reconnues.

- -

M. Mérat a suivi, dans cet ouvrage, la méthode de M. de
Tournefort pour les classes, comme la moins embarrassante,
et on peut même dire qu'il a encore perfectionné cette méthode : il fait en même tems usage de celle du chevalier
Linné dans toutes les descriptions, et par cette réunion des
deux méthodes, il facilite beaucoup la connaissance des
plantes par les principes les plus solides.

M. de Tournefort n'a fait que deux classes des fleurs monopétales régulières, ce qui rend ces classes très étendues.
M. Mérat, sur le principe que toutes les parties de la fructifi-
cation, c'est-à-dire toutes les parties qui composent une fleur
entière, doivent entrer dans la confection des classes et des
genres, a formé trois classes de fleurs monopétales régulières
en se servant de la pétale, du nombre des étamines, et ensuite
de l'embryon qui doit devenir le fruit. Ainsi, dans la première
classe, il comprend toutes les fleurs monopétales régulières
angiospermes, c'est-à-dire dont les semences sont contenues

- -

(1) Valmont de Bomare (Christophe), né à Rouen en 173., mort
à Paris en 1807.

dans des gaînes ou capsules. La deuxième classe renferme
toutes les fleurs monopétales régulières gymnospermes, c'est-
à-dire à semences nues; et, dans la troisième, il traite des
fleurs monopétales régulières à fruit charnu, à fruits mous
ou baies.

Dans tout ce traité, pour éviter l'embarras dans lequel le trop
grand nombre de classes pourrait jetter, on a formé plusieurs
sections qui sont établies sur le nombre des étamines qui se
trouvent dans les fleurs de chaque genre, ainsi que des pistils
et des styles. Enfin, pour la plus grande facilité des étudians,
on trouve, à la fin de cet ouvrage, quatre tables : une des genres,
une du nom latin des plantes, une du nom françois et une
des synonymes. M. Mérat n'a rien oublié pour donner à ce
traité toute la perfection que l'on peut désirer, et, pour tout
dire en un mot, l'ouvrage a plu à M. Bernard de Jussieu à
qui M. Mérat s'est toujours fait un devoir de communiquer
ses productions.

On peut voir, par ce que nous venons de dire, que ce *Botanicon* joint à la facilité de la méthode de Tournefort la beauté
et la solidité de celle de Linné, et que des deux méthodes on
n'en a fait qu'une, plus facile que la seconde, et plus solide
que la première. Notre auteur connaissoit parfaitement aussi
le nouvel ouvrage de M. de La Mark sur la botanique; mais
en rendant hommage aux lumières de ce savant, il trouvoit sa
méthode trop embarrassante pour les commençans; il ne s'en
est point tenu à son jugement, il a fait l'épreuve de cette méthode sur des élèves et, d'après l'expérience, il a cru franchement que sa méthode étoit plus facile, et que, par elle, on
pouvoit, sans maître, apprendre à connaître les plantes.

A la fin de son *Botanicon*, M. Mérat a donné un tableau des
quinze classes de la méthode de M. Antoine de Jussieu, sur les
cotylédons, etc. On verra combien les lumières de son célèbre
maître étoient étendues, et les botanistes se perfectionneront
en méditant ce tableau.

Après tout ce que nous venons de dire, on sera peut-être
surpris que M. Mérat n'ait point fait imprimer des ouvrages
aussi intéressans; mais une modestie que tous ceux qui le
connaissoient lui ont toujours reproché de pousser trop loin,
une trop grande défiance de ses lumières, tandis qu'elles mé-
ritoient et lui acquéroient la confiance générale, l'ont toujours
retenu. Il faut encore ajouter à cela l'effet d'un caractère
auquel la moindre ambition n'avoit jamais pu s'allier : la

nature avoit mis en lui une insouciance extraordinaire des brillans avantages de la réputation, ainsi que des biens de la fortune; aussi, avec de grands talens, n'a-t-il transmis à ses enfans, pour ainsi dire, que l'héritage qu'il avoit reçu de ses pères; mais en récompense il leur a laissé des exemples et des vertus.

Jamais envieux du mérite d'autrui, les succès et la gloire des personnes habiles le combloient de joie, et il ne gémissoit qu'en secret sur la réputation des ignorans. Il avoit coutume de dire que la détraction est le vice le plus diamétralement opposé à l'Évangile, dont il fut toujours le fidèle disciple.

M. Mérat conserva précieusement l'intégrité de la foi de ses pères dans un siècle où elle est si languissante. Il étoit, si l'on peut s'exprimer ainsi, de la trempe de ces vrais savans du siècle de Louis Quatorze, chez qui les lumières de la raison, bien loin d'obscurcir celles de la foi, ne faisoient que les rendre plus vives et les pénétrer davantage des vérités de notre sainte religion. Vrai philosophe, il a toujours eu la plus grande aversion pour les extravagances de l'imagination des prétendus philosophes de notre siècle, parce que son cœur n'a jamais été corrompu, et que son jugement étoit solide.

....

Il a formé, à l'Hôtel-Dieu d'Auxerre, une belle pharmacie; il y travailla gratuitement pour les pauvres, pendant près de trente années, et il leur a fait en mourant un legs de trois cents livres.

Son extérieur répondoit parfaitement à sa belle âme et en étoit le miroir fidèle. Une taille haute, majestueuse et bien proportionnée, une physionomie heureuse, de beaux traits, des yeux dont la douceur tempéroit la vivacité, un regard imposant et affable en même temps, enfin un air noble et gracieux qui prévenoit tout le monde en sa faveur. Plusieurs peintres, charmés de la beauté de sa figure, l'ont vivement sollicité à se faire peindre, pour le seul plaisir de le peindre : sa scrupuleuse modestie a toujours résisté à ces offres flatteuses.

M. Mérat avait épousé, en 1740, demoiselle Marie-Claudine Chaballot, issue d'une très honnête famille, originaire de Château-Renard, par son père, et, par sa mère Marie-Anne Gralien, d'une ancienne famille de Sens, laquelle a donné au bailliage de cette ville plusieurs magistrats distingués.

....

Dieu a béni cette union; elle a duré cinquante ans et quelques mois. Il en est issu dix enfans dont quatre sont encore vivans : Pierre-Germain, curé de Chitry-le-Fort, associé libre de l'Académie royale des Sciences d'Orléans; Edme-René-Laurent-Victor, négociant; Claude-Germain qui a succédé à son père dans sa profession, et Edme-Jean, le dernier des dix enfants.

M. Mérat, accablé de chagrin par la perte de son épouse à qui il n'a survécu qu'environ deux mois, et attaqué d'une fluxion de poitrine à laquelle ses enfants désolés n'ont pu apporter aucun remède efficace, est décédé entre leurs bras, le 14 mai 1790, âgé d'environ soixante-dix-huit ans cinq mois, muni des sacrements de l'Eglise, rempli des sentiments les plus chrétiens. Pendant toute sa maladie, et jusqu'au dernier soupir, il a montré une patience héroïque et la plus entière résignation à la volonté de Dieu.

Un de ses amis a fait, à son honneur, les quatre vers suivans, où il est assez bien peint :

> De tous les végétaux il connoît la nature;
> Philosophe, il décrit leurs vertus, leur culture,
> Savant pour être utile, et sans prétention,
> Son mérite fait seul sa réputation.

* * *

Qu'on nous permette de rappeler succinctement, d'après deux notices de M. Dondenne, ancien professeur de physique, et insérées dans les *Bulletins* de notre Société (1831, p. 277 et 445), que le second fils de Laurent-Germain, Edme-René-Laurent-Victor, établi négociant à Paris, eut lui-même pour fils François-Victor, né en 1780, lequel fut un médecin renommé, membre de l'Académie de médecine. Ce dernier est l'auteur de la *Flore des environs de Paris* qui eut quatre éditions, et d'un grand nombre d'autres ouvrages, dont plusieurs ont fait époque, notamment son *Dictionnaire universel de matière médicale* (en collaboration avec de Lens).

François-Victor eut pour fils Paul-Laurent qui suivit la carrière militaire. En 1848, son bataillon étant venu en garnison à Auxerre, Paul Mérat désira faire partie d'une Société établie dans le pays de ses ancêtres : il fut donc admis comme membre correspondant de la Société des Sciences de l'Yonne. D'Auxerre, le lieutenant Mérat passa en Afrique dans la Légion étrangère. « Il était près de Biskra, dit M. Dondenne, où l'affreux choléra faisait les plus terribles ravages; dans la population, tous ceux qui pouvaient donner des secours aux malheureux habitants étaient morts. On fit appel à ceux qui voudraient se dévouer dans la Légion étrangère. Trois hommes seulement se présentent : le lieutenant Mérat, un ecclésiastique et un médecin. Ils arrivent à Biskra; six jours après, ils étaient morts tous trois. »

Laurent-Germain eut pour successeur, dans sa pharmacie, son troisième fils Claude-Germain, dit Vaufaisant. C'est à celui-ci que succéda Laurent Mérat-Guillot, son cousin. Il avait étudié la chimie sous Vauquelin et il remporta le premier prix d'histoire naturelle médicale. L'Académie de médecine le nomma membre correspondant en 1835; il était déjà membre correspondant de la Société de Chimie médicale.

Mérat-Guillot fut adjoint au Maire d'Auxerre pendant les Cent Jours et après la Révolution de 1830; c'était un libéral convaincu. Il était né le 22 novembre 1776, et lorsque la mort le surprit, le 10 novembre 1839, il était président du Tribunal de Commerce.

Mérat devait être adjoint aux savants qui suivirent Bonaparte en Egypte. Il s'y serait trouvé avec son compatriote Joseph Fourier, plus âgé de quelques années. Mais, ainsi que son grand-oncle, il préféra revenir dans sa petite patrie.

Ce sont des souvenirs, pensons-nous, qu'il est bon de ne pas laisser se perdre.

L. David.